누리 과정에서 쏙쏙

자연탐구 생활 속에서 탐구하기 – 도구와 기계에 대해 관심을 가진다.
신체운동·건강 안전하게 생활하기 – TV, 컴퓨터, 스마트폰 등을 바르게 사용한다.

초등 과정에서 쏙쏙

사회 3-1 2. 이동과 의사소통 – 이동과 의사소통 수단의 발달
과학 3-2 4. 소리의 성질 – 2. 소리 전달하기
과학 6-2 3. 에너지와 도구

감수 및 추천 이명근 박사(미국 존스홉킨스 대학교 교수 역임, 현재 연세대학교 보건대학원 교수)

세계 곳곳의 재난지에 뛰어들어 어린이들은 물론 도움이 필요한 사람들을 구조하며 봉사의 삶을 사는 분입니다. 알아야 더 잘할 수 있다는 믿음으로 연세대학교 보건대학원에 '국제 재난 대응 전문가 과정'을 개설하여 많은 재난 구조 전문가를 양성하고 있습니다. 국제 NGO인 '머시코'(Mercy Corp.)와 UNDP(유엔경제개발계획)에서 활동하기도 했습니다. 지금은 재난 구호의 필요성을 알리고, 아시아와 아프리카의 개발을 위해 '코이카'(KOICA, 한국국제협력단)와 국제 개발 기관인 '글로벌 투게더' 등과 함께 봉사에 앞장서고 있습니다.

글 김해린

동국대학교에서 문예창작학을 공부하였습니다. 문화관광부와 디자인하우스 등에서 기자로 활동하였으며, 오랫동안 동화 작가로 활동하였습니다. 쓴 책으로는 〈우당탕탕 나롱이의 하루〉, 〈안 돼, 사우르〉, 〈아로 다로의 미로 찾기 대회〉, 〈워너 메이커〉, 〈노벨상이 두 번 선택한 과학자 마리 퀴리〉 등이 있습니다.

그림 토머스 래드클리프

영국 요크셔에서 태어났으며, 현재 런던에서 살고 있습니다. 대학원에서 어린이 책 일러스트레이션을 공부하였으며, 현재 일러스트레이터이자 대학에서 학생들을 가르치고 있습니다. 그린 책으로는 〈작은 바이킹〉, 〈에드워드의 일기〉, 〈소용돌이의 계단〉, 〈로봇의 침략〉 등이 있습니다.

도구와 기계 | 미디어

44. 드라쿨라야, 메리 크리스마스

글 김해린 | **그림** 토머스 래드클리프
펴낸곳 스마일 북스 | **펴낸이** 이행순 | **제작 상무** 장종남
대표 조주연 | **주소** 서울특별시 종로구 사직로8길 20, 103호
출판등록 제2013 - 000070호   **홈페이지** www.smilebooks.co.kr
전화번호 1588 - 3201   **팩스** (02)747 - 3108
기획 · 편집 조주연 김민정 김인숙 | **디자인** 김수정 정수하
사진 제공 및 대여 셔터스톡 연합뉴스 프리픽

이 책의 모든 글과 그림 등의 저작권은 스마일 북스에 있습니다.
본사의 허락 없이 이 책에 실린 내용의 일부 또는 전체를 어떤 형태로든지
변조하거나 무단 복제하는 것은 법으로 금지되어 있습니다.

⚠ 책을 집어던지면 다칠 수 있으니 조심하십시오. 잘못 만들어진 책은 바꾸어 드립니다.

드라큘라야,
메리 크리스마스

글 김해린 | **그림** 토머스 래드클리프

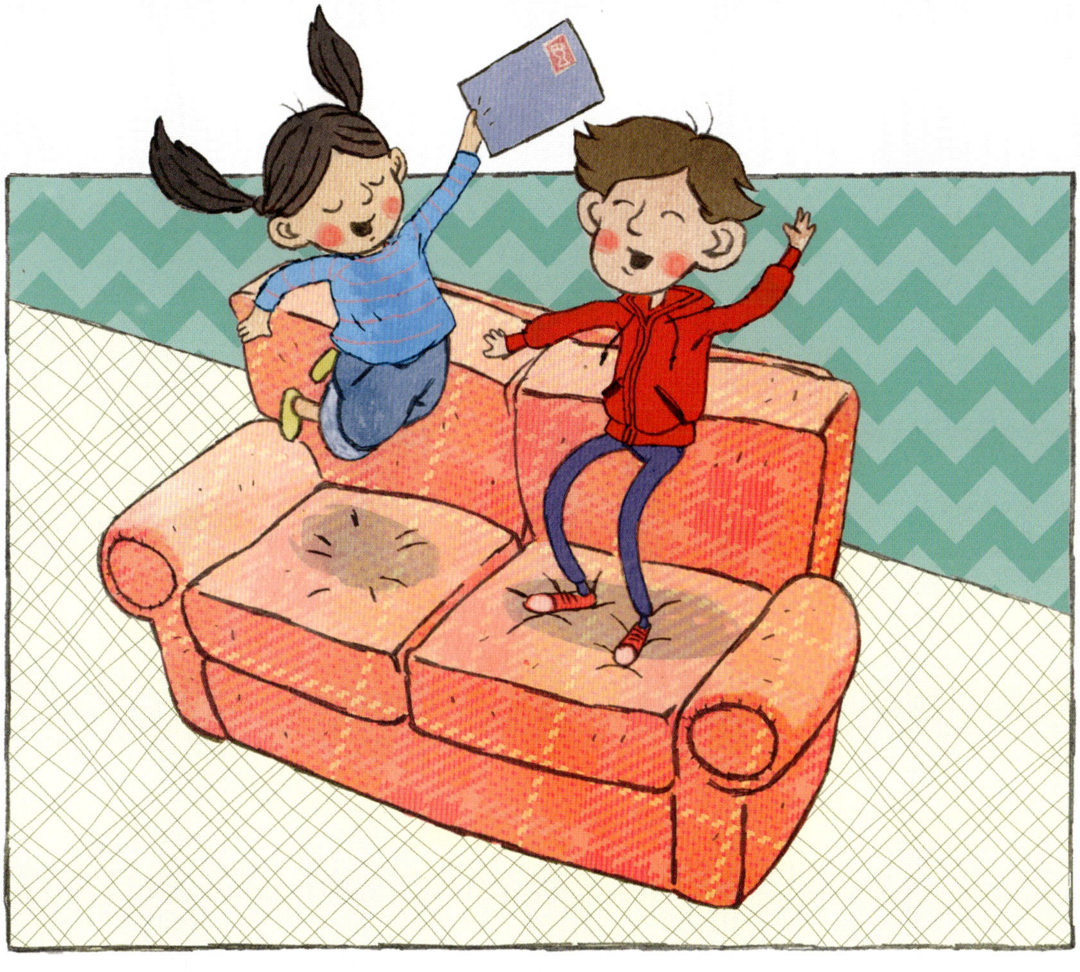

스마일
Smile Books

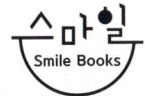

우리 가족은 산속으로 캠프를 왔어.
나와 여동생 라라는 산속 탐험을 하고 싶었지만,
엄마와 아빠는 라디오만 듣고 계셔.
"밖에 나가면 분명 신나는 게 있을 거야."
나는 라라를 데리고 텐트 밖으로 나왔어.

드라큘라는 우리 가족을
자기가 사는 성으로 초대했어.

오래된 성에는 신기한 물건이 아주 많았어.
나팔 달린 *축음기라는 데서 음악이 흘러나오는 게 정말 신기했지.

축음기 미국의 에디슨이 1877년 처음으로 발명했어요. 둥근 모양의 납작한 판이 돌아가면서 소리나 음악을 들을 수 있게 만든 도구예요.

집으로 돌아온 우리 가족은
드라큘라를 집으로 초대하기로 했지.

드라큘라에게
곧 즐거운 크리스마스예요.
우리 집에서 함께 크리스마스를
보내지 않을래요?
꼭 와 주었으면 좋겠어요.

　　　　　당신의 친구들이

편지를 다 쓰고 봉투에 ***우표**까지 붙이고 나니,
나는 무척 기대되어 가슴이 쿵쿵 뛰었어.
라라는 편지를 들고 신이 나서 팔짝팔짝 뛰었어.
"오빠, 우체국에 함께 가자."

우표 편지 봉투에 붙이는 표예요. 우표를 붙여야 편지가 전해질 수 있어요.

드디어 크리스마스 전날이 되었어.

나와 라라는 하루 종일 드라큘라를 기다렸어.

밤에만 나올 수 있는 드라큘라는 밤 열두 시가 되어서야 나타났어.

나와 라라는 달려가 드라큘라를 꼭 안았지.
"메리 크리스마스, 내 친구 드라큘라!"
"드라큘라 아저씨, 메리 크리스마스!"
"꼬마 친구들, 메리 크리스마스!"

집으로 들어온 드라큘라는
가족이 그려져 있는
커다란 액자를 보여 주었어.
"사실, 나에게도 여동생이 있어."
"그림 속 모습이랑 많이 다르네요?"

"응. 오백 년 전의 그림이라서 그래.
화가가 그림을 그리면서
우리를 몹시 무서워했어."

드라큘라는 다른 액자도 보여 주었어.
그건 드라큘라 가족의 *흑백 사진이었어.
"백여 년 전에 찍은 사진이지만,
이거라도 없었다면 동생 얼굴을
벌써 잊어버렸을 거야."
드라큘라는 슬픈 표정으로 말했어.

<small>**흑백 사진** 사진을 찍었을 때, 검은색의 짙고 옅음으로만 나타내는 사진을 말해요. 옛날에는 모두 흑백 사진이었어요. 프랑스의 니엡스가 1826년과 1827년 사이에 자신의 집 창밖을 찍은 세계 최초의 사진을 남겼으며, 프랑스의 다게르가 이것을 발전시켜 제대로 나오는 흑백 사진을 찍는 방법을 1837년 처음으로 발명했어요.</small>

"백 년 전에 가족들과 여행을 떠난 후로 만나지 못했어."

"당신은 왜 함께 안 갔습니까?"

아빠가 물으셨어.

"난 성을 지켜야 했으니까요."

낡은 사진 속 동생 얼굴을 보는 드라큘라는 몹시 슬퍼 보였어.

"너무 슬퍼하지 마요.
우리가 당신의 가족이 되어 줄게요."
엄마는 드라큘라를 다정하게 위로해 주셨어.
아빠는 사진기를 가져오셨어.
엄마는 보자기들을 가져와 가족들에게 망토처럼 둘러 주셨지.

드라큘라는 거리를 구경하고 싶어 했어.
거리로 나가 본 게 백 년도 넘었다는 거야.
"우아, 굉장히 많이 달라졌네요."
드라큘라는 거리 모습을 보며 무척 놀라워했어.

백여 년 전에는 이곳이 아주 조그만 마을이었대.
이곳저곳을 구경하며 신이 난 드라큘라의 모습을
아빠는 *캠코더로 열심히 찍으셨어.

캠코더 들고 다니면서 움직임을 찍고, 소리를 담을 수 있는 카메라의 한 종류예요.

집으로 돌아오자, 아빠는 컴퓨터를 켜셨어.
"자, 이제부터 드라큘라의 여동생을 찾아보자.
요즘은 컴퓨터로 못하는 게 없다고."
아빠는 ***인터넷**으로 드라큘라의 여동생 이름을 찾으셨어.
한참 후, 컴퓨터에 드라큘라의 여동생 모습이 나타났어.

인터넷 전 세계의 컴퓨터가 서로 연결되어 정보를 주고받을 수 있게 만든 것을 가리켜요.

드라큘라는 컴퓨터 속 여동생의 모습을 보며
엉엉 울었어.
"얼마나 보고 싶었으면 저럴까?"
우리 가족도 눈물이 났어.

> 우리는 당신의 오빠 드라큘라의 친구들입니다.
> 당신의 오빠가 몹시 보고 싶어 합니다.
> 이메일과 전화번호를 알려 주시면 연락드리겠습니다.

아빠는 드라큘라의 여동생에게 글을 남겼어.
답장을 기다리는 시간은 무척 느리게 흐르는 것 같았어.
한 시간쯤 지났을 때, 드디어 드라큘라의 여동생에게서 답장이 왔어.
여동생은 드라큘라와 통화를 하고 싶다고 했지.

아빠는 *스마트폰을 들여다보더니 이렇게 말씀하셨어.
"드라큘라의 여동생이 사는 나라는 지금 새벽이야.
거기는 비가 오고 있네."
드라큘라는 눈이 휘둥그레졌지.

스마트폰 갖고 다니며 전화도 할 수 있고, 컴퓨터 기능도 할 수 있는 도구예요.

아빠는 스마트폰으로 드라큘라의 여동생에게 전화를 걸었어.
잠시 후, 스마트폰 안에 여동생의 얼굴이 나왔어.
"우아, 내 동생이다."
드라큘라는 스마트폰에 보이는 여동생과 한참이나 통화를 했어.

아빠는 드라큘라에게 스마트폰을 크리스마스 선물로 주셨어.

드라큘라는 펄쩍펄쩍 뛰며 좋아했어.

"이것만 있으면 언제든지 여동생과 통화할 수 있겠어요."

집으로 돌아간 드라큘라는 가끔 자기가 찍은 사진을

아빠의 스마트폰으로 보내.

그럴 때마다 드라큘라가 늘 우리와 함께

있는 것 같아서 참 즐거워.

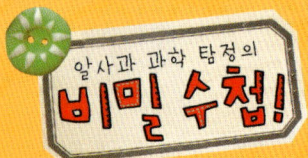

미디어는 생활에 도움이 되어요

신문이나 잡지, 영화, 텔레비전, 전화, 컴퓨터 따위처럼 정보를 전달받거나 전해 주는 도구를 **미디어**라고 해요. 미디어는 우리 생활을 편리하게 해 주어요.

컴퓨터로 여러 가지를 해요

컴퓨터로 원하는 정보를 찾아 공부를 할 수 있어요. 게임도 할 수 있고, 영화도 볼 수 있지요. 글자를 입력하여 프린터로 뽑을 수도 있고, 다른 사람과 문자로 대화도 할 수 있어요.

학습에 도움이 되는 내용을 컴퓨터로 찾아볼 수 있어요.

스마트폰을 다양하게 이용해요

스마트폰을 늘 갖고 다니면서 언제든지 전화를 걸 수 있어요. 또, 스마트폰으로 정보도 찾아볼 수 있고, 사진도 찍을 수 있으며, 음악도 들을 수 있어요.

요즘은 스마트폰과 휴대용 컴퓨터로 언제 어디서든지 마음껏 정보를 찾아서 이용할 수 있어요.

사진기로 찍어요

풍경이나 사람, 사건, 동식물 등을 사진기로 찍어요. 물체를 두고 앞, 뒤, 위, 아래에서 찍으면, 서로 다른 느낌을 줄 수 있어요.

가족과 함께 즐거운 여름휴가를 보내면서 추억을 사진으로 남겨 놓을 수 있어요.

텔레비전을 보아요

텔레비전으로 뉴스, 드라마, 음악, 운동 등 많은 것을 보고 들을 수 있어요. 채널이 많기 때문에 원하는 프로그램을 골라 볼 수 있어요.

텔레비전을 보며 정보도 얻고, 즐거운 시간도 보내요.

신문과 잡지를 읽어요

신문은 뉴스나 정보, 사건 등을 글자와 사진, 그림으로 보여 주어요. 기자들이 사건을 취재해서 기사를 써요. 어린이를 위한 신문이나 잡지도 있어요.

신문이나 휴대용 컴퓨터로 기사를 쉽게 읽을 수 있어요.

미디어에 대한 요런조런 호기심!

컴퓨터도 병에 걸리나요?

잘 쓰던 컴퓨터에 갑자기 이상한 글자나 숫자가 나오는 경우가 있어. 글자 자판도 쳐지지 않을 때가 있지. 이것은 컴퓨터 안에 나쁜 병균이 들어왔기 때문이야. 우리가 감기에 걸리면 주사를 맞는 것처럼 컴퓨터의 나쁜 병균을 찾아 없애 주는 프로그램을 깔아 놓으면, 치료가 된단다.

컴퓨터에 문제가 생기면, 치료를 받아야 해요.

텔레비전에서 어떻게 화면과 소리가 나와요?

텔레비전이 나오려면 방송국에서 영상과 목소리를 방송용 카메라로 찍거나 녹음해야 해. 그것을 '전자파'라는 신호로 바꾸어 보내 주면, 텔레비전 안에 있는 여러 장치를 거치면서 형형색색의 화면과 다양한 소리가 나오는 거란다.

방송국에서 많은 카메라로 촬영한 다음, 방송으로 내보내요.

만화 영화는 어떻게 만드는 거예요?

종이에 그린 만화 주인공이 움직이고 말하는 것이 정말 신기하지 않니? 이것은 주인공이 한 가지 동작을 할 때마다 그림을 수십 장 그린 다음, 빠른 속도로 죽 이어서 보여 주기 때문이야. 그래서 마치 움직이는 것처럼 보이는 것이지. 움직임에 따라 성우가 목소리를 넣고, 효과음이나 음악을 넣으면 만화 영화가 완성되는 거란다.

12가지 동작을 빠르게 연결하면, 뛰는 것처럼 보여요.

영화 속에서 어떻게 사람이 튀어나와요?

사람이 앞으로 불쑥 튀어나오기도 하고, 비행기가 쏙 다가오는 영화가 있어. 이런 영화를 3D(3차원) 영화라고 불러. 그런데 어떻게 영화 속에서 사람이 튀어나오는 것처럼 보일까? 바로 우리가 특별한 안경을 쓰고 보기 때문이야. 한쪽 안경알에서는 수직 방향의 빛으로 영상을 보고, 다른 안경알에서는 수평 방향의 빛으로 영상을 본단다. 이것이 하나로 합쳐지면서 영화가 마치 살아 움직이는 것처럼 보인단다.

살아 움직이는 영화를 볼 때에는 특별한 안경을 끼어야 해요.

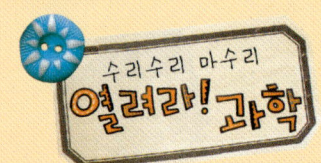

미디어가 이렇게 변했어요

옛날보다 오늘날의 미디어는 종류도 많고, 더 간단해지고 편리해졌어요. 가지고 다닐 수 있도록 크기도 작아졌답니다.

옛날에 쓰던 사진기보다 오늘날의 사진기가 더 작고 쓰기에도 편해요.

| 카세트테이프 | 시디(CD) | 엠피스리(mp3) | 휴대폰 |

옛날에 음악을 듣던 축음기는 점점 더 편리하게 발전했어요.

정보를 찾아 맛있게 요리하기

준비물 컴퓨터나 스마트폰 같은 정보 검색 도구, 딸기 케이크 만들기에 필요한 여러 재료

컴퓨터로 딸기 케이크 만드는 방법을 찾아요.

컴퓨터에서 찾은 재료를 준비하고, 만드는 방법도 알아 두어요.

엄마와 함께 딸기 케이크를 만들어요.

맛있는 딸기 케이크 완성!

 **엄마, 아빠에게**

컴퓨터가 우리 생활에 도움이 되고, 필요한 정보를 찾아 이용할 수 있다는 것을 보여 주세요.